Ralph Waldo Emerson

LA CONFIANCE EN SOI

Édition : BoD · Books on Demand, 31 avenue Saint-Rémy, 57600 Forbach, bod@bod.fr
Impression : Libri Plureos GmbH, Friedensallee 273, 22763 Hamburg (Allemagne)
ISBN : 978-2-3225-6131-5
Dépôt légal : Juin 2025

LA CONFIANCE EN SOI

L'homme est sa propre étoile ; l'âme qui peut former un homme honnête et parfait domine toute lumière, toute influence, toute fatalité ; rien pour elle n'arrive trop de bonne heure ou trop tard. Nos actes sont nos bons et nos mauvais anges, les ombres fatales qui marchent à nos côtés.

Élevez l'enfant sur les rochers, allaitez-le avec le lait de la louve ; lorsqu'il aura vécu avec le renard et le faucon, puissants et rapides seront ses pieds et ses mains.

Je lisais l'autre jour quelques vers d'un peintre éminent qui étaient originaux et non de convention. Dans de telles lignes, que le sujet soit ce qu'il voudra, l'âme surprend toujours un avertissement. Le sentiment qui en découle a plus de valeur que les pensées qu'ils renferment. Croire à notre propre pensée, croire que ce qui est vrai pour nous dans notre propre cœur est vrai pour tous les autres hommes, cela est le génie. Exprimez votre conviction intime et elle se découvrira être le sens universel ; car toujours le subjectif devient l'objectif, et notre première pensée nous est rapportée du dehors comme par les trompettes du jugement dernier. Le plus grand mérite que nous puissions assigner à Moïse, à Platon, à Milton, c'est qu'ils ont réduit à néant et les livres et les traditions, c'est qu'ils ont exprimé ce qu'ils pensaient, mais non pas ce qu'avaient pensé les hommes. L'homme doit s'attacher à découvrir et à surveiller cette petite lumière qui erre et serpente à travers son esprit bien plus qu'à découvrir et à observer les astres du firmament des bardes et des sages. Et pourtant, il chasse sans attention sa pensée parce qu'elle est sienne. Dans chaque œuvre de génie, nous reconnaissons les pensées que nous avons rejetées ; elles nous reviennent avec je ne sais quelle majesté d'abandon. Les grandes œuvres de l'art n'ont pas pour nous de plus émouvantes leçons que celle-là ; elles nous enseignent à rester fidèles à notre impression spontanée avec une joyeuse inflexibilité, alors même que le cri universel lui est contraire. Demain un étranger vous exprimera avec un bon sens supérieur tout ce que vous avez senti et pensé, et vous serez forcé de recevoir honteusement d'un autre vos opinions personnelles.

Il y a un certain moment de son éducation individuelle où chaque homme arrive à la conviction que l'envie est ignorance, que l'imitation est suicide, qu'il doit se prendre pour meilleur ou pire selon le lot qui lui est échu ; que, malgré que l'univers infini soit rempli de bien, néanmoins aucun épi de blé nourrissant ne peut pousser en lui que par son travail individuel et sur la portion de terre qui lui a été donnée à travailler. La puissance qui réside en lui est neuve, originale ; personne ne sait ce qu'il peut dire, lui-même ne le sait pas avant de l'avoir essayé. Ce n'est pas pour rien qu'une physionomie, un caractère, un fait font tant d'impression sur lui, tandis que d'autres n'en produisent aucune ; elle n'est pas sans une harmonie préétablie dans l'intelligence, cette structure. L'œil était placé à l'endroit même où un certain rayon devait tomber, afin qu'il pût rendre témoignage de ce rayon. Que l'homme donc exprime bravement sa confession jusqu'à la dernière syllabe. Nous n'exprimons que la moitié de nous-mêmes et nous sommes honteux de l'idée divine que chacun de nous représente. Nous pouvons être assurés que cette idée divine est proportionnée à de nobles fins ; qu'elle soit donc fidèlement, sincèrement communiquée aux autres hommes ; car les lâches ne manifesteront jamais visiblement l'œuvre de Dieu. Pour rendre sensible une chose divine, il est nécessaire d'un homme divin. Un homme est joyeux, et peut se dire délivré de sa tâche, lorsqu'il a mis son cœur dans son œuvre et fait de son mieux ; mais il n'y a pas de paix pour lui s'il a agi autrement, sa délivrance ne le délivre pas. Son génie l'abandonne dans ses tentatives, aucune muse ne lui est amie ; aucune inspiration, aucun espoir ne lui arrivent.

Confie-toi en toi-même ; tout cœur vibre à cette ferme parole . Accepte la place que t'a donnée la divine providence, la société de tes contemporains, l'ensemble des événements. Les grands hommes ont toujours fait ainsi ; ils se sont confiés comme des enfants au génie de leur âge, trahissant par instants cette croyance que c'était Dieu qui allumait au fond de leur cœur l'enthousiasme, qui travaillait par leurs mains, qui dominait et absorbait tout leur être. Acceptons aujourd'hui la même destinée sublime avec le plus haut dessein ; ne restons pas serrés dans un coin ; comme des lâches ne fuyons pas devant une révolution ; mais, bienfaiteurs, rédempteurs, pieux aspirants à être une noble argile entre les mains du Tout-Puissant, avançons et avançons toujours davantage en conquérants sur les domaines de la mort et du néant.

Quels charmants oracles rend sur ce sujet la nature, par la physionomie et le maintien des enfants, et même des bêtes ! Ils n'ont pas en eux cet esprit divisé et rebelle, celle défiance que nous gardons à l'endroit de nos sentiments, parce que notre arithmétique a calculé la force et les moyens opposés à nos desseins. Leur esprit étant un, leur œil est encore comme insoumis, et lorsque nous les regardons nous sommes déconcertés. L'enfant ne se conforme à personne, tous se conforment à lui, si bien qu'un enfant met en déroute ces quatre ou cinq adultes qui babillent et jouent avec lui. Ainsi que l'enfance, Dieu a armé la jeunesse, la puberté et la virilité avec leurs propres attraits et leurs propres charmes, les a rendues enviables et gracieuses, et leurs droits, leurs prétentions ne seront jamais, jamais rejetés tant qu'ils s'appuieront sur leur nature native et spontanée. Ne pensez pas que le jeune homme n'a pas de force parce qu'il ne peut causer avec vous et moi. Écoutez ! dans la chambre voisine, qui donc parle avec tant de clarté et d'enthousiasme ? Cieux ! c'est lui. – Quoi ! c'est ce composé de timidité et de silence qui pendant des semaines entières n'a rien fait que manger lorsque vous étiez là, qui maintenant se répand en paroles résonnantes comme le timbre des cloches ! Il semble qu'il sait maintenant comment parler à ses contemporains. Timide ou hardi, en vérité, il saura comment nous rendre inutiles, nous ses aînés.

La nonchalance des enfants qui, étant sûrs d'un dîner, dédaignent autant qu'un souverain de dire ou de faire quelque chose pour se concilier quelqu'un, voilà la saine attitude de la nature humaine. L'enfant est le maître de la société ; indépendant, irresponsable, regardant de son coin sur les gens et les faits qui passent auprès de lui, il les juge, il prononce sur leur mérite dans le vif résumé familier aux enfants, il les déclare bons, mauvais, intéressants, éloquents, niais, ennuyeux. Il ne s'inquiète pas des conséquences, des intérêts ; il donne un verdict indépendant et naïf ; vous pouvez le flatter, lui ne vous flatte pas. Un homme est comme emprisonné par la conscience qu'il a de lui-même. Aussitôt qu'il a une fois agi ou parlé avec *éclat*, il est une personne compromise, surveillée par la sympathie ou la haine de milliers d'individus dont il doit maintenant tenir compte. Il n'y a pas de Léthé pour lui. Ah ! s'il pouvait encore rentrer dans son ancienne indépendance, dans sa neutralité ! L'homme qui aurait ainsi perdu toute son ancienne tranquillité, et qui continuerait à se conduire avec la même innocence sans affectation, sans préjugés, sans effroi, incorruptible, qui continuerait à regarder avec ses anciens yeux, celui-là serait formidable et fait pour attirer à jamais les regards du poète et des hommes. La force de cette immortelle jeunesse se ferait incontestablement sentir. Il exprimerait sur toutes les affaires passagères des opinions qui, n'étant pas individuelles, mais *nécessaires* et éternelles, s'enfonceraient comme des traits dans les oreilles des hommes et les rempliraient de crainte.

Voilà les voix que nous entendons dans la solitude, mais elles deviennent faibles et à peine perceptibles à mesure que nous entrons dans le monde. La société est partout en conspiration contre la virilité de chacun de ses membres. La société est une compagnie d'assurance dans laquelle les membres s'entendent pour la sûreté de leur nourriture, à condition que le mangeur rendra en échange sa liberté et sa culture. La vertu qu'elle demande avant tout est la *conformité*. La confiance en soi est son aversion. Elle n'aime pas les réalités et les créateurs, mais les usages et les coutumes.

Celui qui veut être un homme doit être un non-conformiste. Celui qui veut conquérir les palmes immortelles ne doit pas être troublé par le nom du bien, mais doit chercher où est le bien. Rien n'est aussi sacré que l'intégrité de notre propre esprit. Absolvez vous-même, et vous conquerrez le suffrage du monde. Je me souviens d'une réponse que, dans ma jeunesse, je fus poussé à faire à un interlocuteur distingué qui avait coutume de m'importuner avec les chères vieilles doctrines de l'Église ; sur mon dire : « Qu'ai-je à faire de la sainteté des traditions si je puis vivre par moi-même, par mon impulsion morale intérieure ; » mon ami observa « que « les impulsions pouvaient venir d'en bas et non d'en haut. » Je répliquai alors : « Il ne me semble pas qu'il en soit ainsi ; mais si, par hasard, je suis l'enfant du diable, je vivrai alors d'après les lois du diable . » Le bien et le mal ne sont que des noms faciles à transporter à ceci, ou à cela ; le seul droit est celui qui est conforme à ma constitution, le seul tort celui qui lui est opposé. Un homme doit se comporter en présence de toute opposition comme si, à l'exception de sa personne, toutes choses n'étaient qu'étiquettes et phénomènes. Je suis honteux en pensant combien nous capitulons aisément avec les mots et les signes, avec les associations et les institutions mortes. Tout individu au maintien décent et au beau langage m'affecte et me commande beaucoup plus qu'il ne serait nécessaire. Je dois marcher la tête haute, vivre de ma vie individuelle et dire rudement la vérité dans tous les sentiers. Si la malice et la vanité portent l'habit de la philanthropie, les laisserons-nous donc passer ? Si quelque colérique bigot prend en main cette excellente cause de l'*abolition* et vient à moi avec les dernières nouvelles arrivées des Barbades, pourquoi donc ne lui dirais-je pas : « Va, aime ton enfant, sois modeste et garde une bonne nature, et ne viens plus vernir ta dure et égoïste ambition avec cette incroyable tendresse pour des gens de couleur noire qui habitent à cent lieues de toi ; tu portes au loin ton amour et tu n'es que haine à ton foyer. » Rude et impolie serait une telle réception, mais la vérité est plus belle que l'affectation de l'amour. Votre bonté doit avoir un certain tranchant ironique, sinon elle est nulle. La doctrine de la haine doit être prêchée comme la contre-partie de la doctrine de l'amour lorsque cette dernière fatigue et ennuie. J'évite mon père et ma mère, ma femme et mon frère, lorsque mon génie intérieur m'appelle. Volontiers j'écrirais sur ma porte : Absent par *caprice.* » J'aime à croire que cet acte aurait un meilleur mobile que le caprice ; mais enfin nous ne pouvons passer toutes nos journées à expliquer notre conduite. N'attendez pas de moi que je vous dise pourquoi je recherche, ou pourquoi j'évite la société. Et bien plus, ne venez pas me parler, comme un brave homme le faisait hier encore, du devoir qui m'impose d'élever tous les hommes pauvres à une meilleure situation. Est-ce qu'ils sont *mes pauvres* ? Je te dis, imbécile philanthrope, que je regrette le *dollar* , le sou, le liard que je donne à des hommes qui ne m'appartiennent pas et auxquels je n'appartiens pas. Il y a une classe du personnes envers lesquelles je suis comme acheté et vendu, par affinité spirituelle ; pour celles-là, j'irai en prison si cela est nécessaire ; mais vos mélanges de charité populaire, mais la construction d'églises pour la triste fin à laquelle s'arrêtent tant d'hommes de nos jours, mais l'éducation du collège pour des fous, mais les aumônes aux sots, mais les mille sociétés de secours ! – Je l'avoue bien, que quelquefois je succombe et que je donne mon dollar ; c'est un dollar stérile que de jour en jour j'aurai la virilité de refuser.

Les vertus dans l'opinion populaire sont plutôt l'exception que la règle : il y a l'homme *et ses vertus.* Les hommes font une bonne action pour témoigner de leur courage et de leur charité, et aussi beaucoup comme s'ils étaient condamnés à payer une amende en expiation de leur non apparition journalière à quelque parade. Ils accomplissent leurs œuvres comme une apologie ou une expiation de leur vie mondaine, de même que les invalides et les insensés payent une plus forte pension. Leurs vertus sont des pénitences. Mais moi je ne désire pas expier, mais vivre. Ma vie n'est pas une apologie, c'est ma vie. Je vis pour moi-même et non pour donner mon existence en spectacle. Je préfère qu'elle soit d'un train plus modeste, pourvu qu'elle soit égale et naïve. Je la voudrais résonnante et douce, se souciant peu de la douleur et du bien-être ; de la sorte elle serait unique et renfermerait tout, charité, combat, conquête, hygiène. Je demande à votre vie individuelle de me donner l'assurance *première* que vous êtes un homme, et je vous refuse le bénéfice de répondre par vos actions à cette question. Que j'accomplisse ou non ces actes qui sont tenus pour excellents, je sais par moi-même que cela est indifférent . Je ne puis consentir à payer pour un privilège là où je me sens un droit intrinsèque. Aussi faibles que soient mes dons actuels, ma valeur individuelle, je n'ai pas besoin pour ma caution et pour la caution de mes frères de mes actions ou de tout autre témoignage secondaire.

Mon devoir et non l'opinion des hommes, voilà ce qui me concerne. Cette règle, également sévère et ardue dans la vie active et dans la vie intellectuelle, peut servir à faire la complète distinction entre la grandeur et la bassesse. Cette règle est la plus difficile à suivre, car vous trouverez toujours des hommes pénétrés de la pensée qu'ils savent mieux que vous-même quel est votre devoir. Dans le monde, il est aisé de vivre conformément à l'opinion du monde ; dans la solitude, il est aisé de vivre d'après notre propre opinion ; mais le grand homme est celui qui, au milieu de la foule, conserve avec une pleine douceur l'indépendance de la solitude.

Se conformer à des usages qui n'existent pas pour vous, voilà ce qui dissémine votre force ; vous perdez ainsi votre temps, et vous effacez le relief de votre caractère si vous maintenez une Église morte, si vous encouragez une morte société biblique, si vous votez avec un grand parti soit pour, soit contre le gouvernement, si vous ouvrez à tout venant votre table comme le ferait un vil hôtelier. J'aurai peine à découvrir par derrière tous ces remparts quel homme vous êtes réellement. En agissant ainsi, d'ailleurs, c'est autant de votre force personnelle que vous répandez hors de vous. Mais accomplissez l'action qui vous est propre, et aussitôt je vous connaîtrai. Accomplissez votre œuvre, et cette action doublera votre force originale. L'homme devrait savoir quel colin-maillard c'est que ce jeu de *conformité*. Si je sais à quelle secte vous appartenez, j'anticipe sur vos arguments. J'entends un prédicateur annoncer pour sujet de son sermon l'utilité de quelqu'une des institutions de l'Église dont il est un membre. Est-ce que je ne sais pas d'avance qu'il ne peut dire aucun mot neuf et spontané ? Est-ce que je ne sais pas que, malgré toute cette ostentation et ces promesses d'examiner les fondements de cette institution, il ne le fera certainement pas ? Est-ce que je ne sais pas qu'il s'est engagé à ne regarder que d'un côté, le côté permis, et qu'il parlera non comme un homme, mais comme ministre de la paroisse ? C'est un procureur acquis à une cause, et dont les allures de barreau ne sont que la plus frivole des affectations. Mais pourtant bien des hommes ont essuyé leurs yeux avec leurs mouchoirs, et entrent avec lui en communauté d'opinion. Cette conformité ne les rend pas faux dans quelques cas particuliers, mais faux dans toutes les occasions. Leur vérité n'est pas vraie. Avec eux, deux n'est pas réellement deux, quatre n'est pas réellement quatre ; si bien que chaque mot qu'ils disent nous chagrine, et que nous ne savons comment faire pour les mettre à la raison. Pendant ce temps, la nature n'est pas paresseuse, elle nous revêt de l'uniforme de prisonnier en nous donnant l'habit du parti auquel nous appartenons. Nous arrivons à prendre une certaine coupe de figure, et nous acquérons par degrés la plus charmante expression d'âme. Il y a une circonstance individuelle qui ne manque jamais de se manifester : c'est cette sotte face de la flatterie obligée, ce sourire forcé qui nous échappe lorsque nous nous sentons mal à l'aise pour répondre à une conversation qui ne nous intéresse pas. Les muscles du visage n'étant pas spontanément émus, mais bien remués par un lent et factice effort de la volonté, font, par leur tension sur toute la surface du visage, le plus désagréable effet, et laissent apercevoir un sentiment de répugnance et de mépris qu'aucun brave jeune homme ne supporterait deux fois.

En punition de cette non conformité à ses usages, le monde vous chasse par ses mécontentements. Et, cependant, un homme doit savoir estimer à sa juste valeur une physionomie mécontente. Les passants le regardent de travers dans les rues, les visiteurs dans le salon de son ami. Si cette aversion avait, comme la sienne propre, son origine dans le mépris et la résistance, il pourrait en vérité s'en retourner à sa demeure l'esprit troublé par de tristes pensées ; mais les physionomies malveillantes ou bienveillantes de la multitude n'ont pas de causes profondes, n'ont aucune raison d'être supérieures, mais naissent et s'évanouissent selon le vent qui souffle et les nouvelles des feuilles publiques. Cependant ce mécontentement de la multitude est plus formidable que celui d'un sénat ou d'un collège. Il est aisé pour un homme ferme et qui sait le monde d'endurer la colère des classes cultivées : leur rage est prudente et pleine de décorum, car elles sont timides, sentant bien qu'elles aussi sont vulnérables. Mais lorsqu'à leur rage féminine vient s'ajouter l'indignation du peuple, lorsque la force brutale et inintelligente qui gît au fond de la société vient à hurler et à mugir, alors il est nécessaire de l'habitude de la magnanimité et de la religion pour traiter cette colère comme une bagatelle sans importance .

Après cette servile conformité, une autre terreur qui nous éloigne de la confiance en nous-mêmes, c'est notre persistance, c'est ce respect pour nos actes et nos paroles passées qui provient de ce que les autres hommes n'ayant pas d'autre donnée pour mesurer notre orbite que nos actes passés, nous serions désolés de les désappointer.

Mais pourquoi donc alors avez-vous sur vos épaules une tête actuellement pensante ? pourquoi traîneriez-vous ce corps monstrueux de votre mémoire de peur de contredire quelque opinion émise à tel lieu ou à tel autre ? Quand même vous vous contrediriez, eh bien, quoi ? il me semble que c'est une règle de la sagesse de ne jamais se reposer sur la mémoire seule, même dans les actes qui ne sont que de purs souvenirs, et qu'il faut, au contraire, mettre le passé sous les yeux multiples du présent et vivre dans un jour toujours nouveau. Confiez-vous à votre émotion. Dans vos systèmes de métaphysique, il vous est arrivé de refuser à Dieu la personnalité ; mais pourtant si les religieux mouvements de l'âme vous agitent, communiquez-leur le cœur et la vie, bien qu'ils tendent à enfermer et à envelopper Dieu dans la forme et la couleur. Laissez là votre théorie, comme Joseph son manteau, entre les mains de la prostituée, et fuyez.

Cette folle persistance est le génie qui hante les petits esprits, le génie qu'adorent les petits hommes d'État, les petits philosophes et les petits théologiens. Avec cette persistance, une grande âme n'a absolument rien à faire. L'homme qui s'inquiète de cette persistance pourrait tout aussi bien s'inquiéter de son ombre peinte sur le mur. Fermez vos lèvres, cousez-les fortement ! ou bien, si vous voulez être un homme, dites fermement ce que vous avez pensé aujourd'hui en mots aussi rudes que des boulets de canon ; demain dites ce que vous penserez avec des paroles aussi franches, bien qu'elles contredisent tout ce que vous avez dit aujourd'hui. Ah bien ! alors, s'écrieront les vieilles dames, vous serez bien sûr de n'être pas compris. N'être pas compris ! c'est le mot d'un fou. Est-il si mauvais déjà de n'être pas compris ? Pythagore ne fut pas compris, ni Socrate, ni Jésus, ni Luther, ni Copernic, ni Galilée, ni Newton, ni aucuns des esprits sages et purs qui ont pris chair. Être grand est une excellente condition pour n'être pas compris.

L'homme ne peut violer sa nature. Toutes les saillies de sa volonté sont unies par la loi de son être, de même que les inégalités des Andes et de l'Himalaya sont insignifiantes et ne peuvent contrarier la courbe de la sphère terrestre. Et il importe peu de savoir de quelle façon vous éprouverez cette nature. Un caractère est comme une stance ou un acrostiche alexandrins, lisez-les par en bas, par en haut, de travers, ils répéteront toujours la même chose. Dans cette charmante vie des bois dont Dieu a fait mon lot, laissez-moi me ressouvenir jour par jour de mes honnêtes pensées, sans préméditation, sans réticences, et je n'en doute pas, je les trouverai symétriques. Mon livre exhalera l'odeur du pin et résonnera du bourdonnement des insectes. L'hirondelle qui vole auprès de ma fenêtre entrelacera dans la trame de mon style la paille qu'elle porte à son bec . Nous passons pour ce que nous sommes. Le caractère se manifeste malgré notre volonté. Les hommes s'imaginent qu'ils ne manifestent leurs vertus et leurs vices que par des actes patents, et ils ne voient pas que la vertu ou le vice émettent un souffle à chaque minute.

Ne redoutez pas d'éviter d'imprimer à la variété de vos actions ce caractère de non persistance ; il sufft que chacune de ces actions soit honnête et naturelle à son heure : si une seule porte ce caractère, toutes les autres s'harmoniseront, aussi dissemblables qu'elles paraissent. Ces variétés s'effacent lorsqu'on les considère à une courte distance ou d'une toute petite hauteur de pensée. Une même tendance les unit toutes. Le voyage du meilleur vaisseau n'est qu'une ligne en zig zag ; mais regardez cette ligne à une distance suffisante, et vous verrez toutes ces irrégularités se fondre en une ligne égale et droite. C'est ainsi que s'expliqueront vos actions naturelles et naïves. Mais la conformité n'explique rien. Agissez simplement, et les actions précédentes que vous aurez faites simplement justifieront celle d'aujourd'hui. La grandeur en appelle toujours à l'avenir. Si je puis être assez grand pour agir droitement et mépriser l'opinion, c'est que mes actions d'autrefois me défendent maintenant. Qu'il arrive ce qu'il pourra, aujourd'hui agissez noblement ; méprisez toujours les apparences. La force du caractère est une force qui résulte de l'accumulation des forces de la volonté, de façon que la vertu des jours passés remplit encore de santé le jour d'aujourd'hui. Qu'est-ce qui donne aux héros du sénat et des champs de bataille cette majesté qui remplit l'imagination ? L'idée d'une suite de jours illustres et de victoires qu'ils traînent après eux. Ses actions répandent leur lumière sur l'acteur, le héros qui s'avance. Pour l'œil de chaque homme, il est comme suivi par une escorte visible d'anges. C'est là ce qui fait gronder le tonnerre dans la voix de Chatham, c'est là ce qui met la dignité dans le port de Washington, ce qui fait briller l'Amérique dans les yeux d'Adams. L'honneur est vénérable, parce qu'il n'est pas éphémère, et qu'il est toujours, au contraire, une *vieille vertu*. Nous lui rendons hommage aujourd'hui, parce qu'il n'est pas d'aujourd'hui. Nous l'aimons, parce qu'il n'est pas une trappe pour notre amour et notre hommage, mais parce qu'il est indépendant, qu'il dérive de lui-même, et qu'il est toujours d'une antique lignée sans tache, quand bien même ce serait dans la personne d'un jeune homme qu'il se manifesterait.

J'espère que dans notre temps nous aurons entendu pour la dernière fois parler de conformité aux usages du monde et de persistance. Jetez ces mots en pâture aux journaux ; laissons-les se ridiculiser eux-mêmes. Au lieu de la banale cloche, écoutons plutôt quelques sons de la flûte spartiate. Un grand homme vient pour dîner à ma maison ; je ne souhaite pas de lui plaire, je souhaite qu'il me plaise. Je désire que ma réception soit cordiale, mais elle doit d'abord être vraie. Affrontons et réprimandons la médiocrité polie et le sordide contentement de ce temps-ci ; jetons à la face de la coutume et de l'habitude ce fait qui est le fait dominant de toute l'histoire, c'est que là où un homme se meut, un grand acteur, un grand penseur responsable se meut également ; c'est qu'un homme vrai n'appartient à aucun temps, à aucun lieu, mais se fait le centre de l'univers. Là où il est, là est la nature. Il mesure les hommes, les événements, et vous êtes forcé de marcher sous son étendard. Ordinairement chaque personne que l'on rencontre dans la société nous rappelle quelque autre personne, quelque autre chose. Mais un grand caractère ne nous rappelle rien. Il prend la place de la création tout entière. L'homme doit s'élever jusqu'au point de rendre indifférentes toutes les circonstances et de rejeter dans l'ombre tous les moyens. Tous les grands hommes sont cela et font cela. Chaque homme vrai est une cause, une contrée, un siècle ; il lui faut des espaces infinis et d'innombrables années pour accomplir sa pensée, et la postérité semble suivre ses pas comme une procession. César est né, et nous aurons pour des siècles un empire romain. Le Christ est né, et des millions d'esprits s'attacheront à son génie et grandiront avec lui. Une institution n'est que l'ombre allongée d'un homme ; témoin la reforme de Luther, le quakerisme de Fox, le méthodisme de Wesley, l'abolition de Clarkson. Milton appelait Scipion le sommet de Rome : toute histoire se résout aisément d'elle-même dans la biographie de quelques personnes passionnées et fortes.

Que l'homme connaisse sa valeur et foule à ses pieds les circonstances. Pourquoi irait-il, à la manière d'un bâtard, d'un intrigant ou d'un pauvre enfant élevé par charité, rôdant, s'esquivant timidement dans ce monde qui est le sien. L'homme qui dans la rue ne trouve en lui-même aucune force correspondante à celle qui a bâti une tour ou taillé un dieu de marbre, se sent humble en les contemplant. Une statue, un palais, un livre somptueux ont pour lui un air étrange et menaçant, et semblent lui dire : Qui êtes-vous, monsieur ? Et cependant toutes ces choses ne sont, en réalité, que comme des solliciteurs qui réclament son attention et adressent des pétitions à ses facultés, afin que leur regard se tourne de leur côté et qu'elles les prennent en leur possession. La peinture réclame mon verdict, par exemple ; me commande-t-elle ? non ; mais je dois examiner ses réclamations et établir dans quelle mesure les louanges qu'elle réclame doivent lui être accordées. L'histoire populaire de ce manant qui, ramassé ivre mort dans la rue, fut apporté à la maison d'un duc, décrassé, habillé, couché dans le lit du duc, traité à son réveil avec la plus obséquieuse politesse et auquel on persuada que jusqu'alors il avait été insensé, – cette histoire doit sa popularité à ce fait qui symbolise si bien la vie de l'homme, lequel est dans le monde une sorte d'idiot, mais dont la raison se réveille de temps à autre, et qui alors, dans ces courts moments de clairvoyance, se trouve un véritable prince.

Notre manière de lire est celle de mendiants et de sycophantes. Dans l'histoire, notre imagination nous abuse et fait de nous des fous. Royauté et aristocratie, puissance et État, tous ces mots composent pour nous un plus somptueux vocabulaire que les noms des particuliers et des voisins, que les simples noms de Jean et d'Édouard, de leur petite maison et de leur travail habituel de chaque jour, et pourtant, des deux côtés, les choses de l'existence sont les mêmes ; des deux côtés la somme totale de la vie est la même. Pourquoi donc avons-nous tant de déférence pour le roi Alfred, pour Scanderbeg, pour Gustave-Adolphe ? Ils furent vertueux, mais ont-ils donc emporté toute vertu avec eux ? Lorsque les humbles individus agiront dans un grand but, l'éclat ira des actions des rois à celles des simples *gentlemen*.

Le monde, à la vérité, a été instruit par ces rois qui ont ainsi magnétisé les yeux des nations. Il a été instruit par ce grand symbole, et a appris par lui ce respect mutuel que l'homme doit à l'homme. La joyeuse loyauté avec laquelle les hommes ont partout permis que le roi, le noble, le grand propriétaire établissent la loi et la hiérarchie des personnes et des choses, la modifiassent et récompensassent les bienfaits, non par l'argent, mais par l'honneur, qu'était-elle sinon le signe hiéroglyphique au moyen duquel ils exprimaient la conscience de leurs propres droits et leur propre grandeur ?

Mais le magnétisme qu'exerce toute action originale s'explique aussitôt que nous cherchons les raisons de cette confiance personnelle. Qu'est-ce donc que ce moi *originel* sur lequel peut être fondée une universelle confiance ? Quelle est la nature et le pouvoir de cette étoile de la science qui, sans parallaxe, sans éléments calculables, jette un rayon de beauté sur les actions les plus triviales et les plus impures aussitôt que la moindre marque d'indépendance se manifeste ? La recherche nous conduit à cette source qui est à la fois l'essence du génie, l'essence de la vertu et l'essence de la vie, et que nous appelons spontanéité et instinct. Cette sagesse primordiale s'appelle intuition, par opposition à nos autres moyens de connaître, qui sont des méthodes acquises. Toutes les choses trouvent leur commune origine dans cette force profonde, dans ce fait qu'aucune analyse ne peut atteindre. Car le sentiment de l'*Être* qui, dans nos heures calmes, s'élève, on ne sait comment, dans l'âme, n'est pas différent des choses extérieures, de l'espace, du temps, de la lumière, de l'homme, mais ne fait qu'un avec eux, car il provient évidemment de la même source d'où sont sortis leur être et leur vie. Nous participons à la vie par laquelle tout existe, et cependant, oubliant que nous sommes sortis de la même source, nous regardons comme des apparences tous les objets de l'univers. Dans l'intuition est la fontaine de l'action et la fontaine de la pensée. C'est en elle qu'est le souffle de cette inspiration qui donne à l'homme la sagesse, de cette inspiration qui ne peut être niée sans impiété et sans athéisme. C'est par elle que nous nous asseyons sur les genoux de l'intelligence infinie qui fait de nous les organes de son activité et les temples de sa vérité. Lorsque nous discernons la justice, lorsque nous discernons la vérité, nous ne faisons rien de nous-mêmes, mais simplement nous ouvrons un passage à ses rayons. Lorsque nous nous demandons d'où vient cela ; – lorsque nous essayons de fouiller dans notre âme pour y surprendre les causes de ces faits, – toute philosophie, toute métaphysique se trouve en faute. La présence ou l'absence de notre âme est tout ce que nous pouvons affirmer. Chaque homme distingue parfaitement les actes volontaires de son esprit de ses perceptions involontaires, et il sait qu'il doit à ces dernières un profond respect. Il peut errer dans la manière de les rendre et de les exprimer, mais il sait que, non plus que le jour et la nuit, elles ne sont discutables. Toutes mes actions volontaires, toutes mes connaissances acquises sont choses vagues et de hasard ; mais la rêverie la plus triviale, l'émotion naïve la plus simple sont à la fois familières et divines. Les hommes sans pensée contredisent aussi facilement les perceptions que les opinions, et même plus facilement parce qu'ils ne savent pas distinguer entre l'intuition et la connaissance. Ils s'imaginent que je choisis, pour la mieux voir, cette chose ou cette autre. Mais la perception n'est pas capricieuse, elle est fatale. Si je distingue un rayon de la vérité, mon enfant le verra après moi, et puis, dans le cours du temps, tout le genre humain, bien qu'il puisse arriver qu'il n'ait été jamais vu avant moi, car ma perception d'une vérité est un fait aussi réel que le soleil.

Les relations de l'âme avec l'esprit divin sont si pures qu'il est profane de chercher à y introduire des auxiliaires. Si Dieu parlait, il ne nous communiquerait pas seulement une chose, mais toutes les choses, il remplirait le monde du bruit de sa voix ; du centre de sa pensée présente il répandrait la lumière, la nature, le temps et les âmes, et créerait tout de nouveau. De même, lorsqu'un esprit simple reçoit la sagesse divine, alors les vieilles choses s'évanouissent ; les textes, les docteurs, les méthodes, les temples tombent ; il vit et absorbe le passé et le futur dans l'heure présente. Toutes les choses, sans exception, deviennent sacrées et sont comme dissoutes dans leur propre cause, si bien que, dans ce miracle universel, tous les miracles particuliers disparaissent. C'est pourquoi, si un homme, prétendant vous parler de Dieu, vous ramène à la phraséologie de quelque nation ensevelie dans une autre contrée, dans un autre monde, ne le croyez pas. Le gland est-il donc préférable au chêne dans toute sa beauté ? Le père est-il meilleur que l'enfant dans lequel il a mis toute la maturité de son être ? D'où vient donc ce culte du passé. Les siècles sont des conspirateurs en guerre avec la santé et la majesté de l'âme. Le temps et l'espace ne sont que les couleurs *physiologiques* que l'œil imagine, mais l'âme est la lumière ; là où est l'âme, là est le jour ; là où elle était, là est la nuit ; et l'histoire est une impertinence et une injure si elle est autre chose qu'un joyeux apologue et une parabole de mon être et de ma destinée.

L'homme est timide et implore toujours l'indulgence pour lui-même. Il n'ose pas dire : je pense, je suis, mais il fait une citation de quelque saint ou de quelque sage. Il est confus en présence du brin de gazon et de la rose qui s'ouvre. Ces roses qui sont sous ma fenêtre se soucient peu des anciennes roses et des plus belles ; elles sont ce qu'elles sont ; elles vivent aujourd'hui en présence de Dieu. Il n'y a pas de temps pour elles. La rose est simplement la rose, et elle est parfaite dans chaque moment de son existence. Avant qu'un seul bouton ait éclaté, toute sa vie a agi ; la fleur tout à fait épanouie n'est pas plus vivante que la tige dépourvue de feuilles. Elle satisfait la nature dans tous les moments également. Mais l'homme diffère, se souvient, il ne vit pas dans le présent, mais, la tête tournée en arrière, il regrette le passé, et, insoucieux des richesses qui l'entourent, il se dresse sur la pointe du pied pour regarder dans l'avenir. Il ne peut être heureux et fort qu'en vivant lui aussi avec la nature dans le présent, au-dessus du temps .

Cela est assez simple, et cependant voyez combien de fortes intelligences qui n'osent pas encore écouter

Dieu lui-même, à moins qu'il ne parle la phraséologie de David, Jérémie ou Paul. Sans doute que nous n'attacherons pas toujours un si grand prix à quelques textes et à quelques existences. Nous sommes comme des enfants qui répètent par routine les sentences de leurs grands-mères et de leurs tuteurs, et, à mesure qu'ils grandissent, des hommes de talent et de caractère qu'ils ont eu l'occasion de rencontrer. Péniblement ils cherchent à se rappeler les exactes paroles qu'ils ont entendues ; mais un jour, lorsqu'ils arrivent d'eux-mêmes au point de vue où étaient placés ceux qu'ils avaient écoutés autrefois, alors ils comprennent entièrement le sens de ces paroles et voudraient bien pouvoir les oublier. Lorsque nous avons une nouvelle perception, débarrassons joyeusement notre mémoire de ces trésors entassés comme d'objets de rebut. Si un homme vit avec Dieu, sa voix sera aussi douce que le murmure du ruisseau et le frémissement de la moisson courbée par le vent.

Et maintenant la plus haute vérité sur ce sujet n'est pas exprimée et probablement ne peut pas l'être, car tout ce que nous disons n'est que l'ombre et le lointain souvenir de l'intuition. Lorsque le bien est tout près de vous et que vous avez en vous-même la plénitude de la vie, ce n'est par aucun moyen connu et préparé d'avance. Vous ne remarquez pas les empreintes des pas d'aucun autre, vous ne voyez pas la figure de l'homme, vous n'entendez prononcer aucun nom ; pensée, méthode, bien, semblent étranges et nouveaux. Cette plénitude de la vie exclut tout autre être ; vous venez de l'humanité, mais vous n'allez pas vers elle. Toutes les personnes qui ont jamais existé ne sont plus que des serviteurs fugitifs. La crainte et l'espérance n'existent plus. Nous ne réclamons rien, et l'espoir même semble quelque chose de vil. Nous sommes en pleine vision. Il n'y a plus rien que nous puissions appeler gratitude et même joie. L'âme est élevée au-dessus de la passion. Elle contemple l'identité et la cause éternelle, et perçoit directement la vérité et la justice. Alors nous sommes comme envahis par la tranquillité et sans inquiétude pour l'univers, en voyant que toutes choses vont bien. Les vastes espaces de la nature, l'océan Atlantique, la mer du Sud ; les vastes intervalles du temps, les années, les siècles, n'ont plus aucune importance. Ce que je pense et ce que je sens anéantit le premier état de ma vie et ses circonstances, en les rehaussant, comme il rehausse mon présent, comme il rehaussera toute circonstance possible, ce que nous appelons la vie et ce que nous appelons la mort.

La vie actuelle compte seule et non la vie passée. La puissance cesse à l'instant du repos ; elle existe dans le moment de transition d'un état passé à un état nouveau, au moment où on se lance dans le gouffre, où on court vers le but. Le monde déteste les manifestations de l'âme , car ces manifestations abaissent le passé, mettent les richesses au niveau de la pauvreté, changent la réputation en honte, et confondent le saint avec le criminel en les mettant également de côté. Pourquoi alors parler de confiance en soi-même ? Tant que l'âme est *présente* il n'y a aucun pouvoir confiant, il n'y a que des pouvoirs actifs. Parler de confiance est véritablement une pauvreté. Parlons plutôt de ce qui se confie, parce que cela seul travaille et existe. Celui qui a plus d'âme que moi me maîtrise, quand bien même il ne remuerait pas le doigt. Autour de lui, je dois errer condamné par la loi de la gravitation des esprits ; celui, en revanche, qui a moins d'âme que moi, je le gouvernerai avec la même facilité. Lorsque nous parlons de vertus éminentes, nous prenons ces mots pour des figures de rhétorique, et nous ne voyons pas que la vertu, c'est l'élévation ; qu'un homme ou une société d'hommes imprégnés de ces principes doivent, de par les lois de la nature, conquérir et subjuguer les cités, les nations, les rois, les hommes opulents et les poètes qui n'ont pas en eux leurs vertus.

Cette domination de la vertu, qui est la fusion de toutes choses dans l'unité sacrée, est le dernier fait que nous atteignons si vite, qu il s'agisse de ce sujet ou de tout autre. La vertu est le dominateur ; le Créateur, l'unique réalité. Toutes les choses n'ont de réalité que par le plus ou le moins de vertu qu'elles contiennent. La dureté, l'économie, la chasse, la pêche, la guerre, l'éloquence, la valeur personnelle, toutes ces choses engagent jusqu'à un certain point mon respect et mon attention, comme étant des exemples de la présence de l'âme et des exemples d'actions impures en désaccord avec la vertu. J'observe la même loi dans la nature. Le poids d'une planète, l'arbre courbé par le vent qui se relève lui-même, les ressources vitales de chaque végétal et de chaque animal, sont des démonstrations de l'âme qui se suffit à elle-même, et qui par conséquent se confie en elle-même. Toute l'histoire, depuis ses plus grandes hauteurs jusqu'à ses dernières trivialités, n'est que le *mémorial* de cette puissance.

Et puisque tout se concentre dans cette unique essence, ne rôdons pas çà et là. Asseyons-nous en silence dans notre demeure et vivons en compagnie de cette unique vertu. Étonnons et forçons au silence les hommes, les institutions et les livres, par une simple déclaration de ce fait divin. Prions-les d'ôter leurs souliers de leurs pieds, car Dieu est ici avec nous. Que notre simplicité les juge tous, et que notre docilité à notre propre loi démontre la pauvreté de la nature et de la fortune en face de nos richesses natives.

Mais aujourd'hui nous sommes une véritable populace. L'homme n'a pas de respect sacré pour l'homme ; l'âme ne sait pas qu'elle doit demeurer calme, se mettre en communication avec les océans intérieurs de l'esprit, mais elle va au loin mendier une coupe d'eau puisée à l'urne des hommes. Nous devons marcher seuls. L'isolement doit précéder la vraie société. Je préfère à tous les prêches possibles le silence de l'église avant que l'office ait commencé. Combien froides et chastes paraissent les personnes enfermées dans le sanctuaire ! Ainsi donc restons toujours calmes. Pourquoi prendre pour notre propre compte les fautes de notre ami, de notre femme, de notre enfant, sous prétexte qu'ils sont assis autour de notre foyer et qu'ils sont dits avoir le même sang que nous ? Tous les hommes ont mon sang, j'ai le sang de tous les hommes. Est-ce que pour cela j'adopterai leur pétulance et leur folie jusqu'à me couvrir de honte ? Toutefois notre isolement ne doit pas être mécanique, mais spirituel ; il doit s'appeler élévation. Par moments, le monde entier semble conspirer pour vous importuner par d'emphatiques bagatelles. L'ami, le client, l'enfant, la maladie, la crainte, le besoin, la charité, tous frappent à la fois à la porte de notre cabinet, et disent : descends avec nous.

Ne prodigue pas ton âme, ne descends pas, garde ton maintien, reste à ta demeure dans ton propre ciel ; ne va pas un seul instant te mêler aux faits, à leur tohu-bohu de discordantes apparences, mais jette la lumière de ta loi sur leur confusion. Je ne réponds au pouvoir que les hommes ont de m'incommoder que par une faible curiosité. Aucun homme ne doit m'approcher qu'en traversant mes propres actes. « Nous n'aimons que ce que nous possédons, car par le désir nous nous dépouillons de l'amour. »

Si nous ne pouvons subitement nous élever jusqu'à la sainteté de l'obéissance et de la foi, résistons au moins à nos tentations, entrons dans l'état de guerre et réveillons dans nos poitrines saxonnes le courage de Thor et d'Odin. Cela, nous pouvons l'accomplir dans nos temps de sentimentalité en disant la vérité. Bannissez loin de vous l'hospitalité et l'affection mensongères ; ne vivez pas plus longtemps pour l'espérance de ces gens trompés et trompeurs avec lesquels nous conversons. Dites-leur : Ô père ! ô mère ! ô femme ! ô frère ! ô ami ! j'ai vécu jusqu'à présent avec vous selon les convenances ; désormais j'appartiens à la vérité. Tenez-vous pour dit que dorénavant je n'obéirai pas moins à la loi éternelle qu'à toute autre. Je n'aurai pas d'alliés, mais des proches. Je m'efforcerai de nourrir mes parents, de soutenir ma famille, d'être le chaste époux d'une femme ; mais ces relations, je dois les nouer d'une manière toute nouvelle et sans précédents. J'en appelle de vos coutumes. Je dois être moi-même. Je ne puis pas plus longtemps m'annihiler pour vous. Si vous pouvez m'aimer tel que je suis, nous en serons plus heureux ; si vous ne le pouvez pas, je m'efforcerai de mériter votre affection. Mais encore une fois, je dois être moi-même, et je ne cacherai pas mes goûts et mes aversions. Ainsi je vous affirmerai que ce qui m'est intime est sacré, et en face de l'univers j'accomplirai courageusement les pensées qui intérieurement me réjouissent et le but que mon cœur m'assigne. Si vous êtes nobles, vous m'aimerez ainsi ; si vous ne l'êtes pas, je ne vous choquerai pas vous et moi-même par d'hypocrites attentions. Si vous êtes véridiques, mais ne croyant pas aux mêmes vérités que moi, attachez-vous à vos compagnons, je chercherai les miens. Je ne fais pas cela d'une manière égoïste, mais humblement et sincèrement. C'est votre intérêt, le mien et celui de tous les hommes de vivre dans la vérité, quelque temps que nous ayons habité dans le mensonge. Cela vous semble-t-il dur aujourd'hui ? Mais vous aimerez bientôt ce qui vous est dicté par votre nature, et si nous suivons l'un et l'autre la vérité, à la fin elle nous conduira sains et saufs au but. − Mais, me dira-t-on, en agissant ainsi vous pouvez affliger vos amis. Oui, mais je ne puis pas vendre ma liberté et mon pouvoir par crainte de blesser leur sensibilité. D'ailleurs, tous les hommes ont leur moment de raison où ils tournent les yeux vers l'absolue vérité ; à ce moment-là, ils me justifieront et feront les mêmes choses que moi.

Et véritablement, il est nécessaire qu'il ait en lui quelque chose de divin, celui qui a rejeté les communs motifs de l'humanité et qui s'est aventuré à se confier à lui-même. Haut doit être son cœur, fidèle sa volonté, claire sa vue, pour qu'il puisse être à lui-même sa doctrine, sa société, sa loi, pour qu'un simple motif puisse être pour lui aussi puissant que la nécessité de fer l'est pour les autres.

Si on considère l'esprit présent de la société, on sentira la nécessité de cette morale. Les nerfs et le cœur de l'homme semblent desséchés, et nous sommes devenus de timides pleurards découragés. Nous craignons la vérité, nous craignons la fortune, nous craignons la mort, nous nous craignons les uns les autres. Notre siècle ne contient pas de grandes et parfaites personnes. Nous manquons d'hommes et de femmes qui puissent renouveler notre vie et notre état social ; nous voyons que la plupart des natures de notre temps sont insolvables, qu'elles ne peuvent satisfaire à leurs propres besoins, qu'elles ont une ambition hors de toute proportion avec leur force pratique et vont ainsi jour et nuit s'affaissant et mendiant. Nous sommes des soldats de salons. La rude bataille de la destinée qui donne la force, nous l'évitons.

Si nos jeunes gens se trompent dans leurs premières entreprises, ils perdent tout courage. Si le jeune marchand ne réussit pas, les hommes disent : Il est ruiné. Si le plus beau génie qui étudie dans nos collèges n'est pas, un an après ses études, installé dans quelque emploi à Boston ou à New-York, il semble à ses amis, et il lui semble à lui-même, qu'il y a bien là matière à être découragé et à se lamenter le reste de sa vie. Mais le stupide garçon de New-Hampshire ou de Vermont qui tour à tour essaye de toutes les professions, qui attelle les équipages, afferme, colporte, ouvre une école, prêche, édite un journal, va au congrès, achète une charge de magistrat et ainsi de suite, et qui, comme un chat, retombe toujours sur ses pattes, vaut cent de ces poupées de la ville. Il marche de front avec ses jours, il ne ressent aucune honte à ne pas étudier une profession, il ne place pas sa vie dans l'avenir, mais il vit déjà ; il n'a pas une chance, mais cent. Qu'un stoïque se lève donc qui nous apprenne les ressources de l'homme ; qu'il nous apprenne qu'avec la croyance en soi-même de nouvelles puissances apparaîtront, que l'homme est le verbe fait chair, né pour guérir les péchés des nations ; qu'il nous dise qu'il aurait honte de notre compassion et que lorsqu'il agit d'après son inspiration personnelle, jetant de côté les lois, les livres, les idolâtries et les coutumes, nous ne devons pas nous apitoyer sur lui, mais le remercier et le respecter. Cet homme rétablirait la vie humaine dans toute sa splendeur et rendrait son nom cher à toute l'histoire.

Il est ainsi aisé de voir qu'une plus grande confiance en soi, un nouveau respect pour la divinité de l'homme, doit accomplir une révolution dans tous les emplois et dans toutes les relations des hommes, dans leur religion, dans leur éducation, dans leurs recherches, dans leur manière de vivre, dans leurs associations, dans leur propriété, dans leurs vues spéculatives.

Et d'abord, quant à la religion, que sont, en général, les prières des hommes ? Ce qu'ils appellent le Saint-Office n'est pas suffisamment brave et viril . La prière erre dans l'infini, demandant à Dieu d'ajouter à l'âme quelque vertu lointaine et inconnue ; elle se perd ainsi dans les mille labyrinthes du naturel et du surnaturel, des choses médiates et habituelles et des choses miraculeuses. Quant à la prière qui s'attache à demander quelque commodité particulière moindre que le bien absolu, elle est vicieuse. La prière est la contemplation des faits de la vie dans son plus haut point de vue. C'est le soliloque d'une âme contemplative et frémissante. C'est l'esprit de Dieu trouvant que ses œuvres sont bonnes. Mais la prière, prise comme moyen d'atteindre à une fin particulière, est lâche et vile. Elle suppose le dualisme et non l'unité de la nature et de la conscience. Aussitôt que l'homme ne fait plus qu'un avec Dieu, il n'est plus comme individu. Alors il peut contempler la prière dans chaque action ; la prière du fermier s'agenouillant dans son champ pour le sarcler, la prière du rameur s'agenouillant sous l'effort de chaque coup de sa rame, sont de véridiques prières que la nature tout entière entend, bien qu'elles ne cherchent que des fins vulgaires . Cataracte, dans la *Bonduca* de Fletcher, lorsqu'on lui enjoint de pénétrer les pensées du dieu Audate, répond : « Sa pensée est ensevelie, cachée dans nos efforts ; nos actions courageuses sont nos meilleurs dieux. »

Un autre genre de fausses prières, ce sont nos regrets. Le mécontentement est le manque de confiance en soi ; c'est l'infirmité de la volonté. Regrettez les calamités si vous pouvez par là secourir celui qui souffre ; sinon mettez-vous à l'ouvrage, et déjà le mal commence à être réparé. Notre sympathie est juste aussi vile que nos regrets. Nous allons vers ceux qui pleurent follement, puis nous nous asseyons, et nous demandons à grands cris pour eux les consolations de la société, au lieu de leur lancer la vérité et la santé par de rudes secousses électriques et de les remettre de nouveau par ce moyen en communication avec l'esprit. Le secret de la fortune, c'est la possession de la joie. Bien venu des dieux et des hommes est l'homme qui croit en lui. Pour lui, toutes les portes s'ouvrent à deux battants ; toutes les langues parlent de lui, tous les honneurs le couronnent, tous les yeux le suivent avec désir. Notre amour va vers lui et l'embrasse, précisément parce qu'il n'en a pas besoin. Nous le caressons et nous le célébrons avec sollicitude et force louanges, parce qu'il a marché dans sa propre voie et qu'il a dédaigné notre approbation. Les dieux l'aiment parce que les hommes l'ont haï. « Pour l'homme persévérant, dit Zoroastre, les bienheureux immortels sont pleins d'une vive sympathie. »

De même que les prières des hommes sont une maladie de la volonté, ainsi leurs croyances sont une maladie de l'intelligence. Ils disent, comme ces fous d'Israélites, que Dieu ne nous parle pas, de peur que nous ne mourions. Vous, parlez et que tous ceux qui sont avec vous parlent, et nous vous obéirons. Partout je suis privé de rencontrer l'esprit de Dieu dans mon frère, parce qu'il a fermé les portes de son propre temple et qu'il se contente de raconter sur Dieu les histoires que lui a racontées son frère ou le frère de son frère. Chaque nouvel esprit est une nouvelle classification. Si c'est un esprit d'une activité peu commune, un Locke, un Lavoisier, un Bentham, un Spurzheim, il impose sa classification aux autres hommes, et avec elle, hélas ! un nouveau système. L'agrément de ce système est toujours en proportion de la profondeur de la pensée et du nombre des objets qu'il touche et met à la portée du disciple. Mais tout cela apparaît surtout dans les croyances et dans les églises qui sont aussi les classifications de quelque puissant esprit s'exerçant sur la grande pensée élémentaire du devoir et les relations de l'homme avec le Tout-Puissant. Tels sont le quakerisme, le calvinisme, le swedenborgianisme. L'élève prend à subordonner toute chose à la nouvelle terminologie le même plaisir que la jeune fille qui, venant d'étudier la botanique, voit par ce moyen une nouvelle terre et de nouvelles saisons. Il arrivera que, pour un temps, l'élève sentira qu'il doit beaucoup au maître, il trouvera que sa puissance s'est accrue par l'étude de ses écrits. Ce sentiment de reconnaissance se prolongera jusqu'à ce qu'il ait épuisé l'esprit de son maître. Mais, pour tous les esprits sans équilibre, la classification est une idole, passe pour la lin et non pour un moyen rapidement épuisable, si bien que les limites du système se confondent à leurs yeux dans l'horizon lointain avec les limites de l'univers et que toutes les lumières du ciel leur semblent suspendues dans l'arche bâtie par leur maître. Ils ne peuvent imaginer comment vous, étranger à leur système, vous pouvez voir, comment vous pouvez avoir le droit de voir clair ; c'est quelque rayon de notre lumière que vous nous dérobez, semblent-ils dire. Ils ne s'aperçoivent pas qu'une lumière indomptable, non systématique, rejaillira sur toutes les doctrines, même sur la leur. Laissons-les donc babiller en attendant et appeler leur système leur propriété. Leur cabane, aujourd'hui si nette et si nouvelle, deviendra trop étroite et trop basse pour eux s'ils sont honnêtes et s'ils cherchent le bien ; elle craquera, elle s'affaissera, elle pourrira et s'évanouira, et la lumière immortelle, jeune et joyeuse, aux millions d'orbes et aux millions de couleurs, brillera, sur l'univers comme au premier jour.

C'est grâce à ce manque de culture individuelle que l'idolâtrie des voyages et les idoles de l'Italie, de l'Angleterre et de l'Égypte subsistent encore pour les Américains instruits. Ceux qui ont rendu l'Angleterre, l'Italie ou la Grèce vénérables à notre imagination n'ont pas accompli cette tâche en rôdant autour de la création comme un papillon autour d'une lampe, mais en s'attachant fortement à la place où ils se trouvaient et en s'y tenant comme l'axe de la terre. Dans nos heures viriles, nous sentons que notre devoir se trouve là où nous sommes, et que nos joyeux compagnons de circonstance nous suivront comme ils pourront. L'âme n'est pas voyageuse ; l'homme sage reste chez lui en compagnie de son âme, et lorsque l'occasion, la nécessité, le devoir l'appellent hors de sa demeure et l'entraînent dans des contrées lointaines, il est encore chez lui à l'étranger, il ne se dépouille pas de son individualité ; mais, par l'expression de sa contenance, il fait sentir aux hommes qu'il est un missionnaire de la sagesse et de la vertu, et qu'il visite les cités et les hommes non comme un valet ou un chevalier d'aventure, mais comme un souverain.

Je n'ai aucune objection à faire aux voyages entrepris pour un but d'art, d'étude et d'éducation, pourvu que l'homme ait été d'abord *localisé* et n'aille pas chercher au loin des choses plus grandes que celles qu'il connaît. Celui qui voyage pour s'amuser ou pour voir des choses qu'il ne peut emporter avec lui, voyage *hors de lui-même*, et, parmi les vieilles choses, devient vieux même dans sa jeunesse ; sa volonté et son esprit sont devenus aussi vieux et aussi ruinés que Thèbes et

Palmyre : il est une ruine qu'il promène à travers des ruines.

Les voyages sont le paradis des fous. Nous devons à nos premiers voyages la découverte que les lieux ne sont rien. Chez moi, je rêve qu'à Naples et à Rome je serai enivré de beauté, et que je perdrai ma tristesse. Je fais mes paquets, j'embrasse mes amis, je m'embarque ; à la fin je me réveille à Naples, et à mes côtés se tient le même fait sévère, le même *moi* triste et inflexible que j'avais cherché à fuir. Je cherche le Vatican et les palais ; j'affecte d'être enivré par la vue de toutes ces choses et les réflexions qu'elle me suggèrent ; mais je ne suis pas enivré. Partout où je vais, ce même moi m'accompagne.

Mais la rage des voyages n'est qu'un symptôme dune corruption plus profonde qui affecte toutes nos actions intellectuelles. L'intelligence est vagabonde, et notre système d'éducation la fouette encore sans relâche. Nos esprits voyagent lorsque nos corps sont obligés de rester à la maison. Nous imitons alors ; car qu'est-ce que l'imitation sinon le voyage de l'esprit ? Nos maisons sont bâties dans le goût étranger ; nos tables sont garnies d'ornements étrangers ; nos opinions, nos goûts, nos esprits tout entiers suivent les leçons du passé et des nations lointaines, comme une servante qui suit des yeux sa maîtresse. C'est l'âme qui a créé les arts partout où ils ont fleuri. Ce fut dans son propre esprit que l'artiste chercha son modèle. Ce fut une application de sa pensée à la tâche qu'il avait à accomplir et aux conditions qu'il avait à observer. Pourquoi copier les modèles doriques ou gothiques ? La beauté, la commodité, la grandeur de la pensée, le charme de l'expression , toutes ces choses sont aussi possibles à atteindre chez nous que chez les autres nations ; et si l'artiste américain étudiait avec amour et espoir l'œuvre précise qu'il doit accomplir, s'il savait observer le climat, le sol, la longueur du jour, les besoins du peuple, la forme et les habitudes du gouvernement , et s'il savait tenir compte de toutes ces choses, il saurait élever une construction dans laquelle non-seulement entreraient toutes ses observations, mais où le goût et le sentiment trouveraient aussi leur satisfaction .

Insistez sur vous-même, n'imitez jamais. À chaque instant vous pouvez présenter le don qui vous est propre avec toute la force accumulée de toute une vie de culture ; mais vous n'avez qu'une possession momentanée, qu'une demi-possession du talent que vous avez adopté. La tâche que chaque homme peut le mieux remplir, personne, excepté celui qui l'a créé, ne peut la lui enseigner. Où est le maître qui enseigna Shakespeare ? Où est le maître qui aurait pu instruire Franklin ou Washington, Bacon ou Newton ? Chaque grand homme est l'unique exemplaire de son originalité. Le *scipionisme de* Scipion est précisément la partie de lui-même que nous ne pouvons pas emprunter. Si quelqu'un m'enseigne quel modèle le grand homme imite lorsqu'il accomplit un grand acte, je lui apprendrai à mon tour quel homme autre que lui-même peut l'instruire. Shakespeare ne sera jamais créé par l'étude de Shakespeare. Accomplis la tâche qui t'a été assignée, et alors tu ne pourras ni trop espérer, ni trop oser. Lorsque je me mets à cette tâche, alors je rencontre pour l'exécuter une manière de la rendre, qui est aussi grande que la sculpture de Phidias, que l'architecture des

Égyptiens, que les écrits de Moïse et de Dante, bien que différente de toutes celles-ci. Il n'est pas possible que l'âme toute riche, tout éloquente et aux mille langages, consente à se répéter elle-même ; mais si j'ai pu entendre ce que disent ces patriarches de la pensée, assurément je puis leur répondre avec la même force de voix. Habite dans les simples et nobles régions de ta vie, obéis à ton cœur, et une fois encore tu reproduiras les mondes évanouis.

De même que notre religion, notre éducation, notre art errent dans le vague ; ainsi fait l'esprit de notre société. Tous les hommes se font gloire du progrès de la société et aucun n'avance.

La société n'avance jamais : elle recule d'un côté, tandis qu'elle gagne de l'autre. Son progrès n'est qu'apparent. Elle entreprend de perpétuels changements : elle est barbare, elle est civilisée, elle est chrétienne, elle est riche, scientifique ; mais ces changements ne sont pas des améliorations. Chaque acquisition entraîne quelque perte. La société acquiert de nouveaux arts et perd de vieux instincts. Quel contraste entre l'Américain bien vêtu, lisant, écrivant, pensant, portant dans sa poche une montre, un crayon, un billet de banque, et l'habitant de la Nouvelle-Zélande, qui va tout nu, dont la propriété consiste en une massue, une lance et une natte, et qui sommeille dans le coin étroit d'un hangar commun ! Mais comparez la santé de ces deux hommes, et vous verrez quelle force originelle l'homme blanc a perdue. Si les voyageurs disent la vérité, la chair d'un sauvage frappé d'un coup de hache reprendra et guérira au bout d'un jour ou deux, tandis que le même coup enverra l'homme blanc au tombeau.

L'homme civilisé a construit des voitures, mais il a perdu l'usage de ses pieds. Il est soutenu par des béquilles, mais il perd la force musculaire qui aurait pu le soutenir. Il a de bonnes montres de Genève, mais il ne sait plus reconnaître l'heure à la marche du soleil. Il a un almanach nautique de Greenwich, et étant ainsi certain d'être informé lorsqu'il en sera besoin, il ne sait plus reconnaître une étoile au ciel. Il ne sait pas observer le solstice, ni l'équinoxe, et tout le brillant calendrier de l'année n'a pas de cadran dans son esprit. Ses livres de notes diminuent sa mémoire, ses bibliothèques surchargent son esprit, ses sociétés d'assurance accroissent le nombre des accidents. C'est une question de savoir si le grand nombre de machines n'est pas un encombrement, si par le raffinement nous n'avons pas perdu quelque énergie, si, par un christianisme trop condensé dans des institutions et des formes, nous n'avons pas perdu quelque ferme vertu ; car chaque stoïcien était un stoïcien ; mais dans la chrétienté où est le chrétien ?

Mais, dans l'ordre moral, il n'y a pas plus de déviation qu'il n'y en a, dans les lois physiques de la pesanteur et de la vitesse. Il n'y a pas de plus grands hommes aujourd'hui qu'autrefois. Une singulière égalité peut être observée entre les grands hommes des premiers et des derniers siècles ; toute la science, tout l'art, toute la religion et toute la philosophie du dix-neuvième siècle ne pourraient pas produire de plus grands hommes que les héros de Plutarque. Ce n'est point par le cours du temps que la race humaine est progressive. Phocion, Socrate, Anaxagore, Diogène sont de grands hommes, mais ils n'ont pas laissé une classe d'hommes semblables à eux. Celui qui est réellement de la même famille qu'eux ne s'appellera pas de leur nom, mais sera simplement lui-même, et deviendra à son tour le fondateur d'une école. Les arts et les inventions de chaque période ne sont que le costume de cette période et n'augmentent pas la vigueur de l'homme. Le mal des inventions mécaniques peut compenser leur bien. Hudson et Behring, avec leurs simples bateaux de pêcheurs, étonnèrent Parry et Franklin, dont l'équipage contenait toutes les ressources de la science et de l'art. Galilée, avec une lorgnette, découvrit une série de faits plus splendide que toutes les découvertes qui ont été faites depuis. Colomb découvrit le nouveau monde avec un misérable vaisseau. Il est curieux de voir le discrédit et la mort périodique de tous les moyens et de toutes les machines qui furent inventés avec force louanges il y a quelques années ou quelques siècles. Le grand homme retourne à ce qui est essentiel dans l'homme. Nous regardions les progrès de l'art militaire comme un des triomphes de la science, et cependant Napoléon a conquis l'Europe par cette méthode qui consistait à tomber sur les derrières de l'ennemi et à le séparer de tous ses soutiens. L'empereur, dit Las Cases, regardait comme impossible d'avoir une armée parfaite si l'on n'abolissait nos armes, nos magasins, nos commissaires, nos bagages, et si l'on n'en revenait pas à cette coutume romaine par laquelle le soldat recevait sa part de blé, l'écrasait lui-même dans son moulin portatif et faisait lui-même son pain.

La société est une vague : c'est la vague qui marche en avant, mais non l'eau qui la compose. Son unité n'est que phénoménale. De même, les personnes qui font grande une nation aujourd'hui meurent demain, et leur expérience meurt avec elles.

La confiance que nous avons en la propriété reposant sur la confiance aux gouvernements qui la protègent est l'absence de confiance en soi ; les hommes ont si longtemps vécu en dehors d'eux-mêmes, ils ont si longtemps contemplé les choses extérieures, qu'ils en sont venus à regarder ce qu'ils appellent les progrès de l'âme humaine, c'est-à-dire les institutions religieuses, scientifiques et civiles, comme les gardiennes de la propriété, et qu'ils s'élèvent contre les assauts livrés à ces institutions, parce qu'ils sentent que ce sont des assauts livrés à la propriété. Ils mesurent leur estime mutuelle par la richesse de chacun, et non par la valeur de chacun. Mais un homme cultivé est honteux de sa propriété, honteux de ce qu'il possède par respect pour son être ; il hait spécialement ce qu'il possède, s'il voit que cela est accidentel, si cela lui est venu par l'héritage, par le don, par le crime, car il sait qu'alors il ne le possède pas, que cela n'a pas de racines en lui, et que si c'est encore là, c'est qu'il ne s'est pas trouvé de voleur ou de révolution pour l'enlever. Mais par son être l'homme doit nécessairement acquérir, et ce que l'homme acquiert ainsi est une propriété permanente et vivante qui se soucie peu des gouvernements, des multitudes, des résolutions, du feu, de la tempête et des banqueroutes, mais qui partout où l'homme est placé se renouvelle d'elle-même . Ta destinée, disait le calife Ali, cherche après toi ; c'est pourquoi reste en repos et ne cherche pas après elle. Notre dépendance envers les biens étrangers nous conduit à un respect servile pour la multitude. Les partis politiques se rencontrent dans de nombreuses réunions, et là de grandes clameurs annoncent l'arrivée de chaque parti : voilà la délégation d'Essex ! les démocrates de New-Hampshire ! les whigs du Maine ! Le jeune patriote se sent plus fort qu'auparavant en présence de cette foule aux mille yeux et aux mille bras. Les réformateurs convoquent de la même manière leurs réunions, votent et délibèrent en multitude. Ce n'est point ainsi, ô mes amis ! que Dieu daignera entrer et habiter avec vous, mais c'est précisément de la manière opposée. C'est seulement lorsqu'un homme rejette loin de lui tout soutien extérieur et marche solitaire, qu'il est fort et qu'il domine ; il devient plus faible par chaque recrue qu'il attire sous sa bannière. Est-ce qu'un homme n'est pas meilleur qu'une ville ? Ne demande rien aux hommes, mais au milieu de ce changement sans fin apparais comme une ferme colonne, soutien de tout ce qui t'entoure. Celui qui sait que la puissance réside dans l'âme, qu'il n'est faible que parce qu'il a cherché le bien hors de lui-même, et qui s'en apercevant se jette sans hésiter à la suite de sa pensée, celui-là se commande aussitôt à lui-même, commande à son corps et à son esprit, marche droit, accomplit des miracles ; il est semblable à l'homme qui, debout sur ses pieds, est naturellement plus fort que l'homme qui marche sur la tête .

Agis de même avec ce que l'on nomme la fortune ; bien des hommes gambadent et courent après elle, la gagnent et la perdent à mesure que sa roue tourne. Toi, laisse là toutes ces poursuites, comme étant contraires à la loi, mais entretiens commerce avec la cause et l'effet, qui sont les ministres de Dieu. Travaille et acquiers par ta volonté, et tu auras enchaîné la roue du hasard, et tu la traîneras toujours après toi. Une victoire politique, la hausse de la rente, la guérison de votre maladie, le retour de votre ami absent ou tout autre événement extérieur anime vos esprits, et vous pensez que des jours heureux se préparent pour vous ; ne le croyez pas, il n'en sera jamais ainsi. Rien ne peut vous apporter la paix, si ce n'est vous-même ; rien, si ce n'est le triomphe des principes.